AF243493

MINISTÈRE

DE L'INSTRUCTION PUBLIQUE ET DES CULTES

RAPPORT

A M. LE MINISTRE

SUR L'ÉTAT DES TRAVAUX EXÉCUTÉS JUSQU'AU 1ᵉʳ JANVIER 1849

POUR LE RECUEIL ET LA PUBLICATION

DES

DOCUMENTS INÉDITS

RELATIFS A L'HISTOIRE DE FRANCE

PARIS

IMPRIMERIE NATIONALE

M DCCC XLIX

RAPPORT

A M. LE MINISTRE DE L'INSTRUCTION PUBLIQUE ET DES CULTES,

SUR

LA SITUATION DES TRAVAUX HISTORIQUES

AU 1er JANVIER 1849.

Monsieur le Ministre, j'ai l'honneur de vous rendre compte de la situation actuelle des travaux entrepris pour la collection des documents inédits relatifs à l'histoire de France.

Lors de l'avénement de l'administration républicaine, la collection se composait de 67 volumes, savoir ;

Ouvrages terminés :

Chronique des ducs de Normandie	3
Journal des États généraux de 1484	1
Ouvrages inédits d'Abélard	1
Procès-verbaux du Conseil de régence de Charles VIII	1
Règlements sur les arts et métiers d'Étienne Boileau	1
Livre de la taille de Paris	1
Croisade contre les hérétiques albigeois	1
Relation des ambassadeurs vénitiens	2
Correspondance d'Escoubleau de Sourdis	3
Rapport au roi et pièces	1
Rapports au ministre	1
Chronique de Bertrand du Guesclin	2
Négociations relatives au règne de François II	1
Lettres des rois et reines de France et d'Angleterre, et autres personnages	2
Cartulaire de Saint-Père de Chartres	2
———— de Saint-Bertin	1
États généraux de 1593	1
Les Quatre livres des rois	1
Négociations diplomatiques entre la France et l'Autriche	2
Captivité de François Ier	1
	29

Ouvrages en cours d'exécution :

Négociations relatives à la succession d'Espagne, sous Louis XIV	4
Mémoires militaires relatifs à la guerre de la succession d'Espagne	6
A reporter	**39**

A ces ouvrages, il faut ajouter les Éléments de Paléographie, par M. Nat. de Wailly, qui, sans faire partie de la collection, ont été publiés par l'État, afin de faciliter l'étude des anciens monuments de notre histoire. Les Éléments de Paléographie forment deux volumes, avec planches et *fac-simile*.......................... 2
                                                   ———
Ensemble..................... 69

Les circonstances difficiles qui ont suivi la révolution de février ont nécessairement ralenti les travaux. Toutefois, six volumes considérables ont pu être terminés et publiés; ce sont : le 7e volume des Mémoires militaires, le 3e des Olim (2e partie), le 1er des Négociations de la France dans le Levant, le 4e des Lettres missives de Henri IV, le 8e des Archives de Reims, le 4e des Mélanges historiques. Le nombre des volumes actuellement publiés se trouve ainsi porté à 75.

Les 5e et 6e volumes des Négociations relatives à la succession d'Espagne, par M. Mignet, sont préparés. Les matériaux des deux volumes sont réunis, et la copie en est prête; mais les notices destinées à relier ces documents ne sont pas encore rédigées.

Du 8e volume des Mémoires militaires, 32 feuilles sont revues en seconde épreuve; le bon à tirer est donné pour 31 feuilles. La transcription des documents est à peu près achevée pour les autres volumes.

Le 7e volume, publié dans le courant de 1848, comprend les campagnes de Flandre, d'Italie et d'Allemagne pendant l'année 1707, avec un atlas de cartes pour les opérations militaires.

M. Varin est arrivé presque au terme de la publication des Archives législatives et administratives de Reims. Le 3e volume de la série *administrative* vient d'être mis en distribution. De la série *législative*, il reste à publier les statuts du xviiie siècle, formant environ 75 feuilles, que suivront les tables générales de l'ouvrage.

La copie des 75 feuilles est livrée à l'imprimerie. La confection des tables, déjà avancée, ne pourra guère être achevée avant deux ans.

M. Bellaguet a terminé la traduction de la Chronique du religieux de Saint-Denis. La copie du 6ᵉ et dernier volume est prête pour l'impression. La table des matières, qui a exigé un travail très-considérable, est fort avancée et sera achevée pendant l'impression du texte.

Le Procès des Templiers, confié aux soins de M. Michelet, est arrivé à la 30ᵉ feuille du 2ᵉ volume.

Le 7ᵉ volume des Papiers d'État du cardinal Granvelle se poursuit activement. 55 feuilles sont imprimées en 2ᵉ épreuve; le bon à tirer est donné pour 51. Le manuscrit du dernier volume est déposé au ministère. La commission que dirige M. Weiss n'a plus qu'à terminer les tables de l'ouvrage.

M. Champollion-Figeac a continué le recueil de Mélanges dont il est chargé. Le tome IV, qui vient d'être publié, renferme dans sa 1ʳᵉ partie les notices parvenues au ministère jusqu'à la fin de l'année 1847, et dans sa 2ᵉ partie, des documents originaux depuis le xᵉ siècle jusqu'à la fin du xviiᵉ. Les quatre volumes des Mélanges présentent ainsi une série de notices et de documents originaux depuis les temps les plus reculés de notre histoire nationale jusqu'aux temps les plus modernes.

Les trois premiers volumes des Olim, publiés par les soins de M. Beugnot, forment une série complète. Une décision ministérielle arrête ou du moins suspend la suite de cette collection, qui comprendrait les Registres criminels. M. Beugnot a pensé lui-même que cette mesure ne pouvait offrir d'inconvénient.

Le tome IV des Lettres missives de Henri IV, par M. Berger de Xivrey, renferme la période comprise entre l'abjuration de Henri IV et la paix de Vervins; il complète ainsi la partie militante de ce règne et s'arrête où commence la partie organisatrice. L'ouvrage est arrivé à plus de la moitié; M. Berger de Xivrey pense que deux années suffiront pour achever la série chronologique de cette correspondance, qui se complétera par un volume de supplément comprenant les lettres sans date et celles qui ont été communiquées tardivement à l'éditeur. Un dernier volume sera uniquement consacré à divers relevés destinés à guider les recherches, et aux tables générales de l'ouvrage. Ces derniers travaux exigeront encore une année, en sorte que la publication totale pourra être mise à fin dans trois ans environ.

Le 1er volume des Négociations de la France dans le Levant, édité par M. Charrière, comprend la correspondance diplomatique sous François Ier, depuis 1515 jusqu'à 1547. Le 2e volume, dont l'auteur s'est occupé sans désemparer, contiendra les négociations effectuées pendant les règnes de Henri II, François II et Charles IX; le 3e, les règnes de Henri III et Henri IV; le 4e, le règne de Louis XIII. La copie du 2e volume est prête pour l'impression. La transcription des matières est faite *in extenso* pour les tomes III et IV. La collation et l'annotation du texte se poursuivront pendant l'impression du 2e volume.

Le texte du 1er volume de l'Histoire du tiers-état, par M. Augustin Thierry, est imprimé depuis longtemps. La table analytique et l'index général le sont aussi, sauf les quatre dernières pages, où doit se trouver l'*errata*. 26 feuilles de l'introduction sont imprimées, 18 sont tirées. Il reste encore à faire de ce travail deux chapitres, que l'auteur s'efforcera de réduire à un seul. M. Augustin Thierry promet d'y consacrer d'une manière exclusive tout ce qu'il lui reste de forces.

Le 2e volume pourra être mis sous presse dès que le premier aura paru. La rédaction est complète pour une grande partie et le sera, pour la fin du volume, dans trois mois. De nombreux matériaux ont été rassemblés, examinés et classés pour la composition de la suite de cet important ouvrage.

Le Cartulaire de Notre-Dame de Paris, qui est sous presse depuis plusieurs années, devait paraître à la fin de 1848. Les circonstances ont retardé les travaux. Les trois premiers volumes sont imprimés, le 4e est tiré jusqu'à la feuille 43 inclusivement. Il reste à imprimer environ 10 à 12 feuilles, contenant la fin des tables et le vocabulaire. Lorsque l'ouvrage complet sera imprimé, l'éditeur aura à rédiger la préface, qui doit renfermer le résumé des quatre volumes. Ce travail prendra trois mois au plus; l'impression pourra durer cinq ou six semaines. Le Cartulaire pourra donc paraître vers le mois de septembre 1849.

Outre cette publication considérable, M. Guérard prépare l'édition des Cartulaires de Saint-Victor de Marseille et de Saint-Hugues de Grenoble, formant ensemble deux volumes. La copie du grand Cartulaire de Saint-Victor est achevée, mais celle du petit est encore à faire. Quant à la copie du Cartulaire de Saint-Hugues, elle a été envoyée, sous l'administration de M. de Salvandy, à M. Terrebasse, ancien député, qui s'est chargé de rechercher sur les lieux les noms géographiques modernes et de les ajouter au manuscrit.

Le texte du Livre de justice et de plet est entièrement imprimé depuis longtemps. L'introduction, par M. Rapetti, vient d'être envoyée à l'impression. Le bon à tirer est donné pour les deux premières feuilles et, selon toute probabilité, l'ouvrage pourra paraître en février ou mars prochain.

M. Avenel a terminé le manuscrit de la collection des Lettres, instructions diplomatiques et papiers d'État du cardinal Richelieu. Le premier volume vient d'être mis sous presse, ainsi que le premier volume de chacun des ouvrages suivants :

1° *Recueil de documents inédits concernant l'histoire de l'administration publique en France sous Louis XIV,* par M. Depping, devant former 4 volumes ;

2° *Recueil des lettres de Catherine de Médicis,* par M. Philippe Busoni, 5 volumes.

Quatre autres ouvrages sont entièrement terminés en manuscrit et prêts pour l'impression :

1° *Correspondance des princes de la maison de Lorraine,* par M. Joseph de Croze, 2 volumes ;

2° *Actes du concile de Perpignan en 1408,* par M. de Mas-Latrie, 1 volume ;

3° *Cartulaire de Redon,* par M. Aurélien de Courson, 1 volume ;

4° *Négociations de Louis XIV avec le royaume de Siam,* par M. Étienne Gallois, 1 volume.

M. Margry, chargé de préparer un Recueil de documents relatifs à l'histoire des anciennes colonies françaises dans l'Amérique du Nord, a réuni un nombre très-considérable de pièces fort curieuses et peu connues, accompagnées de cartes dont quelques-unes sont tracées de la main même de célèbres navigateurs. Quelques recherches et transcriptions sont encore nécessaires ; après quoi M. Margry commencera à rédiger l'introduction, dont il soumettra le plan à l'examen du comité.

Un Recueil de la correspondance de Calvin est confié à M. Jules Bonnet, qui a terminé ses investigations dans les bibliothèques de Paris. Des recherches sont nécessaires dans les dépôts littéraires de Genève et d'autres villes de la Suisse. M. Bonnet a obtenu pour les faire une mission de quelques mois.

Mlle Dupont, chargée de former un Recueil d'extraits des chroniques d'Angleterre de Jean Waurin, a été arrêtée par une maladie assez grave dans l'exécution de son travail, dont elle va reprendre le cours.

M. Yanoski, membre du comité, se propose de faire connaître au comité les motifs qui lui ont fait ajourner jusqu'à présent la publication de la chronique rimée de Martin de Cotigny.

M. Claude poursuit, sous la direction de M. Naudet, l'Inventaire et le Recueil des chartes et diplômes de la Bibliothèque nationale. Cet inventaire, presque achevé pour les cartulaires, présente une série de plus de six cents cartulaires originaux, rangés par ordre alphabétique de localités. L'inventaire des chartes et diplômes est déjà commencé et sera continué avec assiduité.

M. Le Glay s'occupe avec un zèle infatigable et que l'âge ne ralentit point, du dépouillement, de l'inventaire et de l'étude des documents renfermés dans les archives de l'ancienne Flandre, du Hainaut, du Cambrésis et des provinces limitrophes. Un rapport sur le résultat de ses travaux est soumis au comité.

Les publications entreprises sous la direction du comité des arts se sont continuées presque sans ralentissement depuis la révolution de février. Ces publications sont de deux natures : les unes consistent en instructions destinées à servir de guide aux correspondants pour l'étude et l'appréciation des monuments d'art qui gardent sur notre sol le souvenir des civilisations passées ; les autres retracent les monuments encore existants, ou nous rendent l'image de ceux qui ont disparu par le fait du temps ou des hommes.

Au 24 février, voici quelle était la situation de ces différents ouvrages :

Instructions du comité des arts : cinq parties avaient paru : la première et la seconde, traitant des monuments grecs, romains et gaulois, rédigées par MM. Albert Lenoir, Auguste Leprévost, Mérimée, Charles Lenormant ; la troisième, concernant l'architecture militaire, était l'œuvre de MM. Albert Lenoir et Mérimée ; la quatrième contient des notions sur la musique, par M. Bottée de Toulmon ; enfin, la cinquième, formant, sous le titre d'*Histoire de Dieu*, un fort volume in-4°, par M. Didron aîné, est consacrée aux représentations religieuses de la personne divine. Chacune de ces parties est accompagnée de gravures sur bois et de *fac-simile*.

La Statistique monumentale des arrondissements de Toul et de Nancy, par M. Grille de Beuzelin, était terminée ainsi que la Monographie de Notre-Dame de Noyon, par MM. Ramée et Vitet.

Il avait paru trois livraisons de planches de la Monographie de la cathédrale de Chartres, par MM. Lassus et Amaury Duval, texte par M. Didron; trois livraisons et le texte des Peintures à fresque de Saint-Savin, par MM. Gérard Séguin et Mérimée; enfin, vingt livraisons de planches de la Statistique monumentale de Paris, par M. Albert Lenoir.

Depuis février, il a été publié une livraison de planches de la Monographie de la cathédrale de Chartres et trois livraisons de planches de la Statistique monumentale de Paris; la quatrième et dernière livraison de planches des Peintures de Saint-Savin paraîtra prochainement.

41 feuilles sont tirées des Comptes du château de Gaillon, publiés par les soins de M. Achille Deville. La copie du volume entier est prête. L'ouvrage se composera de 110 feuilles et de 16 ou 17 planches, dont 3 lithographiées et 13 ou 14 gravées au burin. 2 des planches lithographiées sont au tirage; la 3ᵉ est entre les mains du dessinateur lithographe. 4 planches gravées sont au tirage; les dessins des autres sont à l'exécution et quelques-uns très-près d'être achevés. Quatre dessinateurs y travaillent.

La série des instructions du comité pourra être, sinon complétée, au moins fort avancée, dans le courant de 1849.

M. Albert Lenoir a terminé son travail sur l'architecture monastique; sa copie est prête et sera livrée à l'impression dès que, sur l'avis du comité, M. le ministre en aura donné l'ordre. M. Lenoir a, en outre, dirigé le tirage des planches de la Statistique monumentale de l'arrondissement de Montdidier, ouvrage entrepris, sur l'invitation du comité, par MM. Duthoit, Dusevel, Rigollet et Goze, correspondants du ministère. Le texte, imprimé en épreuves, sera soumis à l'examen du comité.

M. Auguste Leprévost achève un cahier d'instructions traitant de l'intérieur et des dépendances ou constructions accessoires des églises.

M. de Saulcy est chargé d'un travail d'instructions sur la numismatique française.

M. Didron a achevé le manuscrit d'un volume faisant suite à l'Histoire de Dieu et comprenant l'iconographie des anges et des démons, les représentations de la création, des signes du zodiaque, des arts et métiers, des travaux de la campagne, des vertus et des vices. Le volume est prêt pour l'impression.

M. Didron est, en outre, chargé de diriger un recueil contenant des documents inédits sur les anciens artistes français. Les pièces réunies jusqu'à présent forment la matière d'un volume qui est prêt pour l'impression et qui comprendrait plus de deux mille noms d'artistes, architectes, sculpteurs, peintres, émailleurs, verriers, orfévres, etc., du moyen âge.

Enfin, le cinquième et dernier numéro du quatrième volume du Bulletin archéologique vient d'être publié; ce numéro renferme toute la session de 1848, session que les événements ont forcément abrégée, mais qui n'a cependant pas été stérile.

En résumé, Monsieur le Ministre, si les circonstances politiques ont ralenti le cours des travaux historiques entrepris ou dirigés par le ministère de l'instruction publique, ces travaux n'ont toutefois pas subi d'interruption notable; l'exécution en a été aussi consciencieuse que par le passé. L'Assemblée nationale a compris que la République ne pouvait laisser inachevé ce monument élevé à la gloire de notre patrie. Elle a généreusement alloué, sans aucune réduction, les crédits nécessaires pour le continuer. Grâce à son concours éclairé, grâce au zèle et aux travaux de nos collaborateurs, cette belle collection, commencée depuis plus de dix ans et qui n'a point de rivale, ne cessera pas d'être recherchée avec un égal empressement et par les savants et par les artistes.

Salut et respect.

Le Chef de la division
des établissements scientifiques et littéraires,

F. Génin.

www.ingramcontent.com/pod-product-compliance
Lightning Source LLC
Chambersburg PA
CBHW061602050726
47595CB00009B/3964